AF224366

L¹²
Lₖ
1383

COMMISSION D'ÉTUDES

POUR L'AMÉLIORATION DU PORT DE FORT-DE-FRANCE

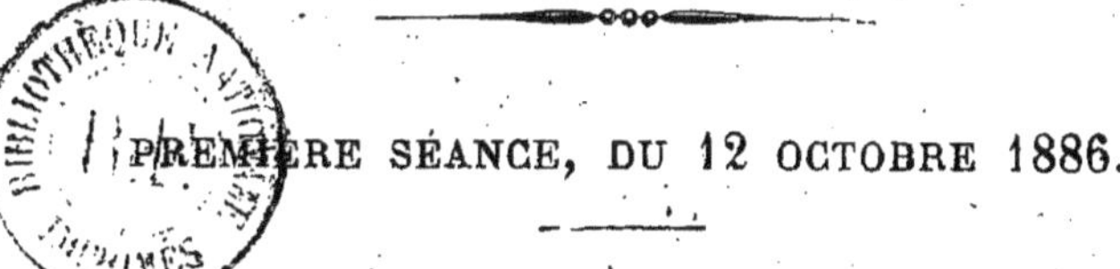

PREMIÈRE SÉANCE, DU 12 OCTOBRE 1886.

L'an mil huit cent quatre-vingt-six et le douze octobre,

La commission d'études chargée, par décision de M. le Gouverneur en date du 25 septembre 1886, de dresser tous les plans et devis utiles pour donner au port de Fort-de-France un outillage complet qui permette de suffire largement aux nécessités de la grande navigation, s'est réunie, à huit heures et demie du matin, à l'hôtel du gouvernement, sous la présidence de M. le Gouverneur.

Sont présents :

MM. Dupré, conseiller privé ;

Balthazar, adjoint au maire de Fort-de-France ;

Max. Deslandes, membre de la chambre de commerce de Fort-de-France ;

Quentin Doria, *idem* ;

Lasserre aîné, négociant à Saint-Pierre, membre de la chambre de commerce de cette ville ;

Amédée Knight, négociant à Saint-Pierre ;

Monge, lieutenant de vaisseau, capitaine comptable de l'*Oyapock* ;

Dartige du Fournet, lieutenant de vaisseau, second du *Bouvet* ;

Le Bigot, capitaine d'artillerie de marine ;

De Lacoste, sous-commissaire de la marine, chargé du détail des approvisionnements ;

Barrand, capitaine d'artillerie de marine ;

Lacroix, lieutenant d'artillerie de marine ;

De Pompignan, ingénieur colonial, chef du service des ponts et chaussées ;

Lacroix, conducteur des ponts et chaussées ;

Porry, ingénieur civil ;

Charles, ingénieur de la Compagnie générale transatlantique ;

Godard, capitaine du *Salvador* ;

Bernard, capitaine de port à Fort-de-France ;

Drouet, lieutenant de port à Fort-de-France ;

Gelot, commis de 1re classe des directions de l'intérieur, secrétaire ;

Lauwert, commis du commissariat, secrétaire.

A l'ouverture de la séance, M. le Gouverneur prend la parole.

M. LE GOUVERNEUR : Permettez-moi d'abord, Messieurs, de vous remercier d'avoir bien voulu répondre à mon invitation. Je m'y attendais d'ailleurs, car, penser autrement, c'eût été douter de votre patriotisme, puisque la question qui nous occupe touche à la fois à nos intérêts nationaux et aux intérêts de la colonie. Néanmoins, je suis heureux de constater, une fois de plus, le dévouement que l'on rencontre à la Martinique quand il s'agit du bien général.

Nous avons à rechercher ensemble quels sont les travaux à exécuter au port de Fort-de-France, pour lui donner une plus grande extension et un outillage qui lui permette de répondre à tous les besoins de la grande navigation. Avec votre agrément, je vais exposer les faits qui m'ont amené à demander au Ministre l'intervention de l'Etat, pour faire de notre colonie un point de ravitaillement également précieux pour les deux marines, la marine de guerre et la marine marchande.

J'ai reçu, à plusieurs reprises, de sérieuses réclamations au sujet de l'insuffisance actuelle du port de Fort-de-France, à propos de la marine nationale comme de la marine marchande. J'ai fidèlement transmis au Ministre les doléances qui me sont parvenues.

Mais entre-temps, je m'étais préoccupé, au point de vue de l'intérêt local, de l'agrandissement du bassin de radoub, et j'avais écrit à M. le Directeur de l'intérieur dans les termes suivants :

« Fort-de-France, le 14 juin 1886.

« Monsieur le Directeur,

« J'ai l'honneur de vous transmettre copie d'une lettre que l'agent maritime des postes du paquebot *la France* m'a adressée au sujet de l'impossibilité où s'est trouvé ce navire d'entrer au bassin de radoub pour deux motifs que voici :

« 1° Parce qu'on faisait des réparations au matériel du bassin sans que l'on ait eu la précaution de réserver le fonctionnement partiel des pompes ;

« 2° Parce qu'il est douteux que les nouveaux paquebots-poste, depuis qu'on leur donne une plus grande longueur, puissent user de notre forme de radoub.

« Il y a là des questions de responsabilité actuelle et d'avenir pour la colonie, je vous prie de les faire étudier. Le conseil général devra être saisi des projets que vous aurez fait élaborer à cet égard, lors de sa plus prochaine session.

« Agréez, etc.

« Signé V. ALLÈGRE. »

La commission nommée à la suite de cette communication fonctionnait déjà lorsque m'est parvenue une dépêche du Ministre, dont je vais vous donner lecture, et qui m'invite à faire étudier les projets utiles à l'amélioration du port de Fort-de-France.

Pour me conformer à cette dépêche, j'ai pensé que je ne saurais mieux entrer dans les vues du département qu'en faisant appel à tous les hommes compétents, et en les invitant à exprimer leur avis sur les mesures à prendre pour mener à bien l'œuvre patriotique devenue nécessaire ; c'est ainsi qu'a été constituée la commission que j'ai l'honneur de présider aujourd'hui.

Ainsi, nous avons à faire un travail d'ensemble, avec l'espérance que nos propositions seront favorablement accueillies. La question en effet est complexe, et elle intéresse différents services. Si on fait de la Martinique un point de ravitaillement, il faut faire la part de la marine de l'État ainsi que celle de la Compagnie générale transatlantique, qui est la meilleure des ressources de la colonie. Il faut aussi prévoir les conséquences du percement de l'isthme de Panama, car lorsque le port de Fort-de-France offrira de grandes commodités à la marine marchande, il est certain que la colonie aura le ravitaillement des navires de toutes les grandes Compagnies qui sillonneront les deux Océans, à condition, toutefois, que les bâtiments qui fréquenteront notre port y trouveront aussi la sécurité et toutes les facilités pour les opérations commerciales.

La question est donc plus vaste que celle de l'agrandissement du bassin de radoub, et elle demande à être étudiée à plusieurs points de vue. Si vous le voulez bien, nous en examinerons les différents côtés dans l'ordre suivant :

Que faut-il faire pour la marine de l'Etat ?

Pour le bassin de radoub ?

Y a-t-il lieu de donner plus de facilités à la Compagnie générale transatlantique ?

Que faut-il faire pour la marine marchande en général ?

Sur quel point doivent être faits les travaux ?

Quels sont ces travaux ?

Ces problèmes, vous pouvez les résoudre. Votre compétence et le patriotique empressement avec lequel vous m'avez prêté votre concours me sont un sûr garant que nous trouverons la bonne solution. Il s'agit de lutter contre les marines rivales et de favoriser, au profit d'une colonie française, le mouvement du commerce interocéanique. Comme je l'ai dit déjà, les intérêts généraux de notre pays sont intimement liés aux intérêts locaux, et aider les uns c'est aider les autres.

Aujourd'hui nous ne pouvons pas entrer dans les détails d'exécution. Si mon exposé a suffi pour vous mettre au courant de la question, vous voudrez bien, dans une conver-

sation générale, faire connaître chacun votre opinion ; il
en résultera de précieuses indications qui nous permettront
de prendre des résolutions préparatoires et de dresser,
comme le demande le département, les plans et devis des
travaux reconnus nécessaires.

Je vais prier M. Monge de vouloir bien nous donner son
avis.

M. MONGE : En ce qui concerne les mesures à prendre
dans l'intérêt de la marine de l'Etat, puisque c'est la première question posée, je pense que tout le Carénage doit
être converti en port de guerre. Il y aurait à le creuser,
en draguant partout où le fond est insuffisant ; puis à établir, tout autour, des ateliers et des magasins appartenant à
la marine, ainsi que le bassin de radoub qui serait agrandi.
Je ferai remarquer, en passant, que ce n'est pas une pen-
sée égoïste qui me porte à demander cette combinaison,
car je mettrais, comme aujourd'hui, la forme de radoub à
la disposition de la marine marchande : il n'y aurait que la
direction de changée.

Une digue de 500 mètres de long et de 15 mètres de
large partirait du fort Saint-Louis pour aboutir à la bouée
rouge, et un chemin de fer qui longerait le fort, mettrait
cette jetée en communication avec la Savane. Les navires
de commerce pourraient s'amarrer derrière la digue, ce
qui ne gênerait ni l'entrée ni la sortie des paquebots.

Il y a un instant, lorsque j'ai parlé du Carénage, je n'ai
rien dit de la petite rivière ni de l'égout qui aboutissent
au fond du cul-de-sac. Il y a cependant à modifier cet état
de choses. En effet, la vase apportée par l'égout est charriée
par les courants, se dépose un peu partout et diminue d'autant le fond. Pour éviter cet inconvénient on pourrait, sans
grands frais, faire un canal voûté où passerait la rivière qui
viendrait se déverser près du fort Saint-Louis, après avoir
nettoyé l'égout.

Entre les coffres 6 et 7, à peu près au milieu de la dis-
tance qui les sépare, il y a une basse de 3 à 4 mètres,
sur un point même, il n'y a que 2 mètres de fond. Comme
il serait long de faire sauter cet écueil, je serais d'avis de
combler l'endroit, d'en faire une plate-forme, une sorte
de rond-point visible pour les navires et, par conséquent,
n'offrant plus de danger. L'opération serait facile à faire,
car le fond est madréporique et il suffirait d'y couler du
béton.

Quant à la baie des Tourelles, elle ne saurait être laissée
dans l'état où elle se trouve aujourd'hui. On peut en faire
un joli port de commerce. Les transatlantiques, qui sont
obligés de faire un angle droit pour entrer, n'auraient qu'une
ligne droite à faire du coffre rouge au mouillage des Tourelles. Mais il est nécessaire qu'elle soit draguée au milieu ;
il y a là un amas de vase considérable qui devra être rejetée

sur les bords pour les combler. Le terrain des 50 pas géométriques et, au besoin, le morne en face fourniraient du tuf pour terminer le remplissage si c'était nécessaire.

M. LE GOUVERNEUR: Quelle longueur pensez-vous qu'il faille donner au bassin de radoub?

M. MONGE: Au moins 165 mètres, car il peut se présenter, pour y entrer, des bâtiments de 155 mètres de long. Il faudrait aussi l'élargir, mais ce n'est guère possible à cause de la dépense considérable qui serait engagée.

M. LE GOUVERNEUR: Vous demandez que des ateliers appartenant à la marine soient établis autour du Carénage. L'Etat a-t-il déjà des ateliers outillés convenablement?

M. MONGE: La marine ne possède absolument rien; elle a des magasins et des ateliers, mais il faudrait que les ateliers soient outillés et entretenus. Si elle était bien outillée, elle réparerait elle-même ses navires beaucoup plus vite et dépenserait moins d'argent.

M. LE GOUVERNEUR: Et le parc à charbon de la marine, ne pensez-vous pas qu'il doive être agrandi?

M. MONGE: Oui, il est insuffisant. Je demanderais même qu'on en établisse trois au lieu d'un, perpendiculairement au rivage, et qu'on installe un petit chemin de fer qui amènerait le charbon au quai: de cette manière l'embarquement se ferait avec la plus grande facilité. Il faudrait ensuite en draguer les approches de façon à le rendre abordable. Aujourd'hui les bâtiments n'osent pas y aller lorsqu'il y a de la houle, de crainte d'avaries. Là encore le draguage serait facile : il n'y a que de la vase et du madrépore.

M. DESLANDES: Autrefois nous avions à la Martinique un arsenal qui permettait aux plus gros navires de réparer leurs avaries. Pendant l'expédition du Mexique, ces ateliers ont rendu de grands services à notre marine de guerre. Je me souviens d'avoir vu entrer au Carénage un bâtiment complètement désemparé qui a pu reprendre la mer peu de temps après. Il perdait sa quille et son gouvernail, et cependant il a été promptement remis en état. Notre ancien lieutenant de port, M. Denis, était maître à l'arsenal à cette époque, et c'est pour les services qu'il a rendus en cette qualité qu'il a été décoré.

M. DE LACOSTE: La Martinique doit être pour la France un point militaire, de radoub, de réparations et de ravitaillement, en même temps qu'elle doit présenter de tels avantages aux bâtiments qui font la navigation interocéanique, qu'ils n'hésitent pas à la préférer à toute autre colonie. Fort-de-France semble présenter les éléments nécessaires pour cela, mais il doit être rendu un compte spécial et très exact à la métropole de ce qui existe maintenant et de tout ce qu'il y aurait encore à faire.

Il y aurait donc à examiner :

1° Ce qu'il faudrait au point de vue de la défense militaire : fortifications, installations nécessaires pour le logement, la nourriture, l'habillement et, enfin, tout ce qu'il faut pour un nombre déterminé de soldats dans chaque localité ;

2° Ce que Fort-de-France doit avoir pour servir de point de refuge ou de relâche aux bâtiments de l'État qui ont besoin de se réparer ou de se ravitailler en temps ordinaire, et surtout en temps de guerre ;

3° Ce qu'il faut faire pour attirer à Fort-de-France les bâtiments de commerce de toutes nations.

Les deux premières questions sont intimement liées parce qu'elles touchent toutes les deux à ce qui concerne la guerre. La première cependant semble devoir être résolue par des militaires de terre, tandis que la seconde semble être plutôt du domaine de la marine de l'État, mais toutes deux se rattachent à l'administration.

Il est nécessaire, en outre, que les bâtiments puissent se mettre facilement à l'abri, non seulement des attaques de l'ennemi, mais encore des mouvements de la mer ; qu'ils trouvent de quoi se réparer (installations comprenant la forme de radoub et ses accessoires, main-d'œuvre intelligente et expérimentée et matières), se ravitailler (magasins et personnel y attaché connaissant le maniement de tout ce qui est nécessaire en vivres et en matériel, surtout en ce qui concerne le charbon, l'âme des bateaux à vapeur). Il y a donc lieu de déterminer les installations qu'il faut établir pour répondre à tous les besoins et d'en faire le devis. Une commission a été nommée en ce qui concerne les travaux à effectuer, mais il n'a pas été question des services accessoires. Il me semble qu'il y a là, outre les travaux du bassin de radoub, de comblage et de jetée, des questions économiques et d'administration qui doivent aussi être étudiées et appréciées.

J'insiste particulièrement sur les points suivants :

1° A côté de la forme de radoub, il faut un atelier de réparations bien outillé ;

2° Il est nécessaire que les bâtiments de l'Etat aient à terre un endroit muni de tous les apparaux et outils où ils puissent faire eux-mêmes, soit par leurs propres moyens seuls, soit avec l'aide des ouvriers du pays, la plupart de leurs réparations en charpentage, voilerie, objets de forge, non compris la fonderie pour laquelle ils auraient à s'adresser à l'artillerie ou à la Compagnie transatlantique ; enfin tout ce qui peut se faire en dehors du bassin de radoub. Quels doivent être cet endroit et cet outillage ? Comment ce service doit-il être organisé pour bien fonctionner ? Quelle en serait la dépense ?

3° Il faut que les bâtiments de l'État trouvent dans le

pays, en cas de guerre, tous les objets et toutes les matières dont ils peuvent avoir besoin. Quelles mesures sont à prendre pour cela ?

4° Quels sont l'organisation et l'état actuels des magasins et établissements de la marine ? Sont-ils suffisants pour répondre, le cas échéant, à tous les besoins ? Qu'y a-t-il à faire et comment les munir et les organiser en cas de guerre ?

5° N'y a-t-il pas lieu de prévoir le cas où il faudrait notamment donner rapidement du charbon à plusieurs bâtiments à la fois ? Que faudrait-il faire pour cela ?

Ces questions posées, il reste maintenant à savoir ce qu'il faut pour que les bâtiments de commerce qui font la grande navigation, et même la petite, préfèrent la Martinique et notamment Fort-de-France à tout autre point.

Il leur faut la sécurité dans le mouillage et la facilité pour l'embarquement et le débarquement de leurs marchandises ; la faculté de se réparer comme bon leur semble ; l'abondance des objets et matières pour leurs réparations, leur ravitaillement et de l'eau ; la tranquillité, c'est-à-dire l'éloignement d'un contrôle peut-être trop sévère et de la marine militaire. On a remarqué que le commerce se développe difficilement dans les ports de guerre.

Il faut que les navires marchands, quels qu'ils soient, ne soient gênés ni entravés en aucune manière. Il me paraît donc essentiel qu'ils soient chez eux comme la Compagnie transatlantique, pour laquelle les travaux nécessaires sont à l'étude.

Je ne pense pas que les digues projetées soient suffisantes pour le commerce. Il y a à tenir compte de ses habitudes, de la commodité qu'il aime, de la difficulté avec laquelle il s'éloigne du centre des affaires. Ce centre est à créer peu à peu à Fort-de-France ; mais il faudrait aviser aux voies et moyens.

Je crois que c'est le commerce seul qui peut nous sauver, et j'espère qu'il le fera, maintenant que l'agriculture est aux abois. Il y a donc lieu de s'en préoccuper beaucoup et de lui faire la part aussi large que possible. Je suis persuadé d'ailleurs que la France ne refusera pas l'argent nécessaire. Il y a là une question nationale et de pur patriotisme dont, du reste, elle bénéficiera. Elle sèmera sûrement pour récolter plus tard.

M. Dartige du Fournet : Je suis de l'avis de M. Monge, en ce qui concerne les ateliers de la marine. Il est absolument nécessaire de les réorganiser. Mais la question de l'agrandissement du bassin de radoub me paraît la plus urgente et, pour le moment, la plus importante : elle domine toutes les autres. Pour qu'il puisse avoir une clientèle maritime sérieuse, il faut que ce bassin soit allongé de 50 mètres, ce qui lui donnera une longueur totale de 180 mètres, car les paquebots qui desservent la ligne des Antilles ont jusqu'à 165 mètres.

Quant au parc à charbon, je ne suis pas d'avis de lui donner autant d'extension qu'on le demande. Je crois qu'il serait suffisant s'il pouvait contenir un approvisionnement de 3,000 tonnes.

D'un autre côté, on peut faire du Carénage un port de guerre sans digue. La jetée qu'on propose n'est pour moi qu'une nécessité de second ordre. Mais il faudrait nécessairement y établir un abri pour les torpilleurs.

M. LE GOUVERNEUR: Il serait bon que nous entendions maintenant l'un des membres de la commission chargée d'étudier le projet d'agrandissement du bassin de radoub. Je crois que M. Barrand a été nommé rapporteur de cette commission ; je le prierai de vouloir bien nous faire connaître succinctement les résolutions qu'elle a prises.

M. BARRAND: La commission a décidé que le bassin de radoub devait être allongé seulement, la largeur lui ayant paru suffisante pour permettre aux plus gros cuirassés de s'y faire réparer. Elle a pensé qu'il fallait lui donner une longueur totale de 180 mètres, ce qui amène son extrémité juste au bord du Carénage. Pour faire les travaux d'agrandissement dans de bonnes conditions, il faut d'abord établir un batardeau ; mais, au lieu de le construire seulement en vue de l'allongement du bassin, ce qui ferait une dépense considérable sans utilité pour l'avenir, il a paru préférable à la commission de faire un batardeau à demeure, c'est-à-dire un quai, qui servirait plus tard, de sorte qu'il n'y aurait pas d'argent dépensé en pure perte. Elle a ainsi été amenée à décider la construction d'un quai de 150 mètres de long au Carénage, avant de commencer les travaux du bassin.

M. LE GOUVERNEUR : A combien pensez-vous que s'élèvera la dépense totale pour ces travaux ?

M. BARRAND: Au moins à 1,500,000 francs, encore ce chiffre suppose-t-il que les travaux seront confiés à un entrepreneur suffisamment outillé.

M. LE GOUVERNEUR : Et quel est votre avis au sujet des améliorations à apporter au port de Fort-de-France en général ?

M.-BARRAND : Je ne crois pas la digue indispensable. Si plus tard, lorsque les travaux du bassin seront terminés, on veut compléter le port, on n'aura qu'à établir de nouveaux quais le long de la Savane et du fort Saint-Louis. Ces quais auraient en outre l'avantage de protéger le fort. On serait d'ailleurs toujours à même de faire la digue si elle devenait nécessaire. Mais comme elle coûterait de 10 à 12,000 francs le mètre courant et même plus, puisque M. Monge veut lui donner une largeur de 15 mètres, c'est-à-dire double de la largeur ordinaire, la dépense s'élèverait au chiffre énorme de 10 millions, qui me paraît hors de proportion avec les avantages qu'on en retirerait.

M. MONGE : Je ne crois pas que la digue dont j'ai parlé coûterait aussi cher ; à mon avis, la dépense ne dépasserait pas 3 millions, en me reportant au prix de la jetée du port de Toulon ; car je ferai remarquer que nous avons un fond de madrépore et non de vase, et que les fonds du fort au coffre rouge sont au maximum de 3 mètres, il y a seulement 4 mètres à toucher le coffre. Je ne suis pas partisan, pour le Carénage, d'un quai qui en diminuerait la largeur déjà insuffisante. Ce travail ne me paraît du reste pas nécessaire.

M. BARRAND : Mais si vous protégez les maçonneries par un enchevêtrement de roches, vous prendrez encore plus d'espace.

M. MONGE : Je ne protégerais rien au Carénage, en ce qui concerne les murs du fort qui me paraissent en très bon état.

M. LE GOUVERNEUR : Vous l'affectez exclusivement à la marine de l'État, y compris le bassin de radoub ?

M. MONGE : Oui, mais, je le répète, ce n'est pas par égoïsme, puisque je mets à la disposition du public les ateliers et la forme de radoub.

M. BARRAND : Le port sera pourvu d'une longueur de quais suffisante quand, aux 150 mètres que nous installons au Carénage, avant l'agrandissement du bassin, nous aurons ajouté ceux qui longeront la Savane et le fort Saint-Louis. D'un autre côté, l'espace laissé aux navires sera largement suffisant. Il n'y a pas de bassin, du moins parmi ceux que je connais, qui ait plus de 2 à 300 mètres dans tous les sens, comme celui que nous obtiendrons ainsi. Dans tous les cas, ce n'est ni celui de Cherbourg ni celui de Saint-Nazaire. D'ailleurs, un bassin n'est pas fait pour que les bâtiments viennent y évoluer, mais bien pour qu'ils puissent s'y abriter, et le Carénage est assez vaste pour cela.

Je ne serais pas d'avis de faire deux ports et de distinguer le port militaire du port marchand. En cas de guerre, il est vrai, la marine de l'État a besoin de grands quais, mais ce n'est que momentanément. D'ailleurs, tous les bâtiments d'une division navale ne viennent pas s'y amarrer à la fois ; il en vient quelques-uns seulement qui ont besoin de réparations, les autres restent mouillés au large, et, je le répète, avec les 3 ou 400 mètres de quai que je propose, le port de Fort-de-France serait suffisamment outillé de ce côté ; surtout si la Compagnie générale transatlantique allonge les siens, ce qu'elle sera obligée de faire par suite de l'extension qu'elle prend tous les jours.

Quant aux ateliers de la marine, je ne pense pas qu'il y ait lieu de les réorganiser. A quoi bon ? Ils seraient bientôt revenus à l'état d'abandon dans lequel ils se trouvent aujourd'hui, et cela fatalement, puisqu'on n'aura pas continuellement du travail à leur donner et qu'on ne peut pas payer des ouvriers pour ne rien faire. S'il y avait ici des ateliers comme ceux du Creuzot ou de Saint-Etienne, qui peuvent, à un moment donné, fournir des ouvriers, je serais le premier à demander l'entretien d'un petit arsenal. Lorsque celui-ci serait fermé, l'ouvrier trouverait du travail dans les autres et ne chômerait jamais; mais il n'y a rien de semblable: le personnel sera obligé de se croiser les bras lorsque la marine n'aura pas de quoi l'occuper. Ensuite, la Compagnie générale transatlantique agrandit ses ateliers tous les jours et on pourra toujours s'adresser à elle. Il y a également les ouvriers de l'artillerie.

M. le Gouverneur: C'est vrai, Monsieur Barrand, mais il arrive quelquefois que, malgré toute sa bonne volonté, la Compagnie ne peut prêter ni ses ouvriers ni son outillage. Il faut prévoir le cas où elle aurait besoin de tout pour elle-même.

M. Barrand: L'Etat ne sera forcé de s'adresser à la Compagnie qu'en temps de guerre, alors que les paquebots ne marchent pas et que, par conséquent, les ateliers sont libres.

M. Monge: Je parle par expérience des difficultés qu'un bateau de l'Etat rencontre à la Martinique pour se réparer, et je ne les exagère pas. Depuis trois ou quatre mois, j'ai été obligé de m'adresser un peu partout : à la Compagnie, à l'artillerie, même à l'industrie privée, et je maintiens qu'il vaudrait beaucoup mieux que la marine eût ses ateliers; il y aurait une notable économie de temps et d'argent. Il m'a fallu dernièrement aller moi-même à Saint-Pierre pour y commander une pièce dont j'avais absolument besoin et que je ne pouvais trouver que là.

M. Barrand: Je ne prétends pas que la marine ne doive rien avoir dans ses magasins, mais je dis qu'il n'y a pas lieu de faire des créations coûteuses qui ne serviraient à rien la plupart du temps; il suffit d'améliorer ce qui existe aujourd'hui.

M. Monge: Je ne le crois pas, un petit arsenal me semble absolument nécessaire ; 8 à 10 ouvriers suffiraient; les bâtiments de guerre enverraient leurs ouvriers travailler dans les ateliers qui seraient outillés.

M. Barrand : Mais vos ouvriers n'auront pas d'ouvrage les trois quarts du temps.

M. Monge: Ils travailleront pour le public, comme on le fait aujourd'hui dans les ateliers de l'artillerie, et puis, la marine exploitant le bassin de radoub, son personnel sera toujours occupé.

M. le Gouverneur: Il ne s'agirait pas d'ailleurs d'installer ici un véritable arsenal comme ceux que nous connaissons en France. Il suffirait d'un atelier assez bien outillé pour faire les réparations les plus urgentes à un navire qui aurait eu des accidents de mer.

M. Monge : C'est bien difficile lorsque les ateliers ne sont pas outillés complètement. Ainsi, comme je vous le disais il y a un instant, j'ai été obligé de m'adresser à l'industrie privée qui, n'ayant pas réussi ma pièce, m'a mis dans une fausse position; j'ai été obligé de la faire refondre, c'est une grande perte de temps.

M. Barrand : Je ne vois pas grand mal à ce que vous vous adressiez à l'industrie privée.

M. le Gouverneur : A la condition cependant que l'industrie privée soit suffisamment outillée pour répondre à toutes les demandes. Il est vrai que, par suite des améliorations apportées à l'état actuel des choses, il se produira un mouvement plus considérable dans le port de Fort-de-France et que l'industrie privée aura tout intérêt à s'organiser convenablement.

M. Charles veut-il nous faire connaître les besoins de la Compagnie générale transatlantique ?

M. Charles : Avant de répondre d'une façon complète à la question qui m'est posée, je tiendrais à m'entendre avec l'agent de la Compagnie. Cependant je puis dire, dès à présent, que la longueur de nos quais est insuffisante et que la darse où accostent nos bâtiments doit être prolongée du côté de la baie des Tourelles. Les terre-pleins seraient augmentés de chaque côté, de façon que les paquebots pussent faire leur charbon à droite et à gauche.

M. le Gouverneur : Ainsi la Compagnie demande à s'étendre du côté de la baie des Tourelles ?

M. Charles : Le prolongement de la darse s'impose et il ne peut se faire que de ce côté.

M. le Gouverneur : Le récif qui est au milieu de l'entrée du Carénage ne gêne-t-il pas un peu vos mouvements ?

M. Charles : Beaucoup, surtout pour l'entrée. Si un bâtiment est mouillé devant la baie, les paquebots sont très gênés pour manœuvrer. Dernièrement l'un d'eux est allé s'envaser au Carénage par suite de cette circonstance. Il serait à désirer qu'on pût faire sauter cet écueil.

M. le Gouverneur : Si vous faites des quais à l'extrémité de votre bassin, vos navires seront-ils suffisamment en sécurité sans la digue ?

M. Charles : La Compagnie a pris ses précautions, elle a fait construire des radeaux pour les empêcher de se heurter au quai.

M. le Gouverneur : Si on exécute des travaux pour rendre utile la baie des Tourelles, la jetée du fort Saint-Louis s'impose.

M. Charles : Pour le moment, je demande seulement le prolongement de la darse et l'augmentation des terre-pleins, afin que nos paquebots puissent faire leur charbon des deux côtés.

M. LE GOUVERNEUR : Alors vous ne mettez pas vos navires en dehors du bassin actuel ?

M. CHARLES : Non, du moins pour le moment.

M. LE GOUVERNEUR : Monsieur l'ingénieur de la colonie, je vous invite à nous parler des projets faits antérieurement pour améliorer le port de Fort-de-France et lui donner de l'extension.

M. DE POMPIGNAN : Je ne connais aucun des projets antérieurs ; il n'y a rien dans les archives des ponts et chaussées.

M. DUPRÉ : Il y a un projet qui date de 1862 et qui doit se trouver à la direction de l'intérieur. C'est à peu près le même que celui qu'a développé M. Monge, seulement il y a deux digues. La première part du fort Saint-Louis pour aboutir à la bouée rouge, la seconde va de la baie des Tourelles à la bouée n° 3.

La jetée du fort Saint-Louis était déjà demandée à cette époque par la Compagnie générale transatlantique, pour mettre ses navires à l'abri lorsqu'ils font leur charbon. La Compagnie désirait également la séparation complète des deux marines ; car, par caractère, la marine de guerre ne peut pas s'entendre avec la marine marchande. Dans le danger elles sont toujours d'accord, mais lorsqu'il s'agit de réparations, de mouvements dans le port, de places à quai, elles ne s'entendent plus. C'est pourquoi le projet de M. Monge irait très bien à la Compagnie qui a toujours demandé à être chez elle et à n'y être pas dérangée. Evidemment, lorsque l'Etat lui demandera ses ouvriers et son outillage pour réparer un navire de guerre, elle les lui donnera par patriotisme, lors même que ses intérêts en souffriraient ; mais il n'en est pas moins vrai que si on la consulte elle répondra qu'elle s'est installée pour elle d'abord, et qu'elle ne pourra prêter ses ateliers que lorsqu'elle n'en aura pas besoin. Elle a commencé par avoir, à Fort-de-France, un petit atelier qu'elle a augmenté au fur et à mesure, et aujourd'hui elle est arrivée à avoir un personnel et un outillage complets ; mais, je le répète, c'est pour elle et non pour les autres.

M. MONGE : Je dois dire cependant que toutes les fois que je me suis adressé à elle, elle s'est empressée de m'être agréable. Elle a été envers moi d'une prévenance extrême, et m'a déclaré qu'elle n'avait rien à refuser à la marine de l'Etat.

M. LE GOUVERNEUR : Oui, mais ce sont là des amabilités échangées et non des intérêts sauvegardés.

M. MONGE : Il est bon de remarquer aussi que la Compagnie générale transatlantique est subventionnée.

M. BERNARD, capitaine de port : A mon avis, le banc

situé devant le bassin de la Compagnie a sa raison d'être, car il arrête la mer qui vient s'y briser, et, sans lui, les paquebots qui font leur charbon courraient de grands dangers. Il est vrai que si les jetées sont construites, ces dangers n'existeront plus.

La jetée du fort Saint-Louis s'impose, et si l'on veut faire de Fort-de-France un port de ravitaillement, il en faut deux. Le commerce aurait promptement payé les dépenses occasionnées par ces travaux. Les capitaines de la marine marchande sont unanimes à les demander, et ils offrent tous de payer, lorsqu'elles seront faites, un droit de 6 à 8 fr. par tonneau de jauge, qui remplacerait les droits d'amarrage et de quai. Le débarquement et l'embarquement de leurs marchandises se feraient plus rapidement, dans de meilleures conditions, et leur responsabilité serait diminuée d'autant. Tout le monde y gagnerait. Les deux jetées dont je parle pourraient être en simple enrochement, afin de diminuer la dépense.

Les murailles du fort Saint-Louis sont crevassées, et il faut absolument un terre-plein pour les consolider, surtout lorsque les canons de 22 tonnes dont il est armé tireront.

Le haut-fond qui se trouve par le travers du bassin de radoub est très difficile à enlever ; c'est un banc de tuf, la continuation du morne Pichevin. Il ne faut donc pas songer à l'extraire. Le fond du Carénage n'est pas plus facile à draguer, à cause des nombreuses carcasses de navires qui y sont envasées. Dans le projet d'agrandissement du bassin de radoub, il est question d'un remplissage pour soutenir le quai d'allongement. Il y a lieu d'espérer que l'Etat, a qui sera concédé le terrain qui lui est nécessaire pour le service de ses torpilleurs, viendra en aide à la colonie et contribuera aux dépenses considérables que nécessiteront ces travaux. Dans ce cas, la partie du Carénage comprise entre l'extrémité du bassin de radoub et la darse des chaloupes de la marine serait remplie et donnée à l'Etat.

M. LE GOUVERNEUR : N'entrons pas aujourd'hui dans ces détails. Il ne faut pas que chaque administration cherche à se réserver exclusivement son petit domaine ; il convient d'étudier un projet et d'en faire accepter l'exécution. Ce n'est pas notre commission qui pourra régler les moyens financiers. Il n'y a d'ailleurs aucune illusion à se faire à ce sujet, de toute manière l'Etat seul peut faire ces dépenses.

M. DUPRÉ : Ce n'est pas à cause de leur tirant d'eau que les gros bâtiments n'entrent pas dans le fond du Carénage, c'est à cause de la difficulté qu'ils éprouvent dans leurs mouvements. Il y a plus de 20 ans que les carcasses dont on nous parle sont là, car, pour ma part, je n'en ai jamais vu couler. Il ne faut pas oublier, en outre, qu'en l'état actuel des choses, la grosse houle du large pénètre jusqu'au fond du Carénage.

M. Drouet : La digue du fort Saint-Louis à la bouée rouge est donc indispensable. Les bâtiments de la Compagnie ne peuvent pas se tenir à quai même dans la darse. Autrefois, M. Dupré, alors agent de la Compagnie, avait fait percer la darse pour laisser passer les lames ; mais, malgré cela, les paquebots n'avaient aucune sécurité.

Je dois ajouter qu'il serait nécessaire d'organiser un service spécial pour approvisionner d'eau les navires. Il faudrait étendre et multiplier les conduites d'eau sur les quais des différentes darses, et avoir des citernes pour ravitailler les navires en rade. A cet égard, la ville de Fort-de-France aurait intérêt à faire un sérieux sacrifice.

M. le Gouverneur : Quel est votre avis au point de vue commercial, Monsieur Deslandes ?

M. Deslandes : La digue est nécessaire ainsi que le chemin de fer la reliant à la Savane ; le débarquement et l'embarquement des marchandises se feraient ainsi très rapidement, au grand avantage du commerce.

M. le Gouverneur : Et au point de vue de l'avenir, n'y aurait-il pas lieu de faire des travaux dans la baie des Tourelles, d'en combler les bords avec la vase qu'on retirerait du milieu et avec le terrain des 50 pas géométriques, comme nous le disait M. Monge, il y a un instant ? On aurait là un terrain considérable qui permettrait l'installation d'établissements commerciaux ou industriels.

M. Deslandes : Oui, d'autant plus que le morne Pichevin pourrait également être employé pour combler la partie inutile de la baie, si cela était nécessaire. Outre les avantages qu'elle procurerait au commerce en lui donnant du terrain, cette opération assainirait encore la ville.

M. le Gouverneur : Monsieur Knight, voulez-vous donner votre opinion ?

M. Knight : Monsieur le Gouverneur, je n'ai pu encore étudier la question au point de vue technique et je ne connais pas les lieux, deux raisons pour que mon opinion n'ait pas grande valeur. Cependant, les mesures proposées ne pouvant qu'être utiles et profitables au commerce, j'y adhère pleinement. Malheureusement à Saint-Pierre nous sommes moins favorisés qu'à Fort-de-France, car nous n'avons pas de port.

M. le Gouverneur : Si le port de Fort-de-France est amélioré, demandez l'exécution du chemin de fer entre les deux villes. Il en résultera une grande facilité pour le transport des marchandises, qui débarquent à Fort-de-France la plupart du temps, et qu'on est obligé d'expédier à Saint-Pierre par chalands, c'est-à-dire lentement et à grands frais.

Ainsi, Messieurs, je le vois, vous êtes tous d'avis que

la question doit se résoudre par de grands avantages faits à la Martinique et à la navigation française. Vous êtes inspirés par un grand intérêt patriotique, ce dont je vous félicite.

Monsieur Balthazar, j'ai eu l'honneur, de vous appeler parmi nous afin de faire représenter la ville de Fort-de-France; je vous prie d'exprimer aussi votre opinion.

M. Balthazar : Je m'associe entièrement aux mesures proposées par ces Messieurs, car elles sont toutes de nature à assurer la prospérité de notre pays.

M. le Gouverneur : M. Monge a demandé le détournement de la petite rivière qui aboutit au Carénage et la construction d'un égout voûté. La dépense serait à la charge de la ville ; il est vrai qu'il nous a dit qu'elle ne serait pas considérable. La ville devra aussi pourvoir au service des eaux.

M. Bernard : Les grands paquebots de la ligne des Antilles calent 7ᵐ20, et la darse des transatlantiques n'a que 8 mètres de fond, de sorte que, lorsque ces navires sont un peu chargés, il y a du danger à les laisser venir à quai ; si le prochain paquebot est dans ces conditions, je serai obligé de l'envoyer à la baie des Tourelles.

M. Deslandes : Le dragage de la darse de la Compagnie fait partie des travaux à exécuter.

M. Charles : Dans la baie des Tourelles, les paquebots pourront-ils faire leur charbon ?

M. Bernard : Oui, au moyen de chalands.

M. Charles : Alors les chalands pourront aborder, ils auront accès partout ?.

M. Bernard : Oui. Je dois vous dire aussi, Messieurs, que le port n'est pas suffisamment outillé.

M. le Gouverneur : Il le sera avec le projet de M. Monge, et, d'un autre côté, l'industrie privée se développera au fur et à mesure des besoins.

M. Deslandes : J'insiste sur la réorganisation de l'arsenal maritime. Comme je vous le disais tout à l'heure, j'ai vu un transport, perdant sa quille et son gouvernail, réparé en très peu de temps avec les seuls moyens de l'arsenal, qui employait alors une quarantaine d'ouvriers. Ce résultat est trop beau pour qu'on ne cherche pas à l'obtenir de nouveau.

M. Dupré : Ne pensez-vous pas que si l'Etat veut intervenir et prendre sa part des travaux à exécuter, il ferait bien d'envoyer ici des ingénieurs qui étudieraient sérieusement la question et feraient un travail complet? Nos projets ne seront pas adoptés en haut lieu, ou, du moins, avant de les approuver on voudra envoyer quelqu'un dans la colonie ; il vaudrait donc mieux commencer par là pour éviter des pertes de temps.

M. le Gouverneur : L'Etat enverra ses ingénieurs

lorsque le moment sera venu ; mais, actuellement, il nous faut obéir à la lettre et à l'esprit de la dépêche ministérielle. On nous demande des plans et devis et nous avons ici des hommes aptes à les établir. Ce n'est d'ailleurs qu'un avant-projet, car il s'agit de faire connaître à Paris ce que nous désirons, en fixant la dépense des plans arrêtés.

M. Le Bigot : Permettez-moi, Monsieur le Gouverneur, de faire une observation au nom de la commission des défenses mobiles. Cette commission s'est réunie dernièrement sous la présidence de M. le commandant du *Bouvet*, et elle a reconnu que des terrains étaient nécessaires au Carénage pour le service des torpilleurs. Il y aurait donc lieu de faire des réserves à ce sujet.

M. le Gouverneur : Parfaitement. Je vous demanderai à mon tour, Monsieur Le Bigot, ce que vous pensez de l'arsenal maritime.

M. Le Bigot : Je ne crois pas qu'il puisse être entretenu. Il reviendra toujours à l'état de délabrement dans lequel il se trouve aujourd'hui, puisqu'il n'aura pas continuellement des ouvriers. Le personnel chargé de la surveillance du matériel change aussi trop souvent : il y a peu de temps que je suis ici, et j'ai déjà vu se succéder cinq commissaires.

J'ajouterai que le comité des fortifications accepterait très volontiers la partie du projet qui consiste à entourer le fort Saint-Louis d'une ceinture de quais.

M. le Gouverneur : Il ressort de la discussion, ou plutôt de notre conversation, qu'il faut exécuter des travaux assez considérables pour améliorer le port de Fort-de-France. Si vous l'approuvez, la commission étudiera d'abord toutes les propositions qui viennent d'être faites, et elle calculera la somme totale à dépenser, sauf à restreindre ensuite et à mettre les dépenses en rapport avec les ressources dont on pourra disposer.

Je vais donc énumérer tous les travaux indiqués par les différents membres de la commission.

On demande la construction de deux digues ; le dragage, tant du Carénage que de la baie des Tourelles et de la darse des transatlantiques, en faisant disparaître le banc qui se trouve sur la route du Carénage au bassin de la Compagnie. On souhaite aussi que le Carénage soit spécialement affecté à la marine de l'Etat, en utilisant les bâtiments de l'arsenal qui existent et en construisant des quais. On désire que le poste des torpilleurs soit établi au fond du Carénage et qu'un terrain soit réservé pour leur matériel ; que le parc à charbon de l'Etat soit agrandi, ou plutôt qu'il en soit établi trois au lieu d'un, perpendiculairement au quai, avec des chemins de fer pour faciliter l'embarquement du combustible, et que les abords en soient dragués.

On demande enfin qu'il soit organisé un service spécial pour approvisionner d'eau les navires.

Une commission d'études travaille déjà à l'agrandissement du bassin de radoub et à l'amélioration de ses approches.

La Compagnie générale transatlantique demande le prolongement de sa darse du côté de la baie des Tourelles, et l'augmentation des terre-pleins pour que ses paquebots puissent faire leur charbon des deux côtés. Elle désire également que la darse soit draguée à 9 mètres, afin de permettre l'accostage des grands paquebots.

Pour la baie des Tourelles, on demande le dragage au milieu et le remplissage de la partie vaseuse, c'est-à-dire des bords. On pourrait faire de grands quais et avoir de vastes terrains pour bâtir; au besoin le morne Pichevin serait utilisé pour cette opération.

Enfin, il serait très utile que le chemin de fer de Fort-de-France à Saint-Pierre fût construit. On pourrait employer, pour établir la gare, le terrain conquis sur la baie des Tourelles.

Maintenant il s'agit de décider comment nous procéderons à l'étude de ces divers projets.

Je dois d'abord faire une observation au sujet des propositions si complètes de M. le commissaire de Lacoste qui, dans son exposé, a touché à des questions militaires et d'administration. Ces questions spéciales sont depuis quelque temps déjà étudiées ou pourront l'être par le soin d'autres commissions. Nous étendrions trop notre programme s'il englobait tant de points si intéressants néanmoins.

Il faut donc se borner aux travaux visés par la dépêche ministérielle.

Désignerons-nous parmi les membres de la commission quelques personnes de bonne volonté qui se constitueront en sous-commission, ou bien, comme il y a déjà une commission qui fonctionne pour l'agrandissement du bassin de radoub et qui est composée des hommes les plus compétents, lui confierons-nous le tout ?

Si, comme on l'a dit ici, il existe déjà un projet pour la construction des jetées, la commission d'études constituée n'aurait pas un grand surcroît de travail, d'autant plus que nous pourrions lui adjoindre encore quelques autres personnes compétentes.

La commission approuve cette combinaison, et MM. Charles, ingénieur de la Compagnie transatlantique, Le Bigot, capitaine d'artillerie de marine, et Lacroix, conducteur des ponts et chaussées, sont adjoints à la première commission.

M. LE GOUVERNEUR : Le projet total établi comme nous

venons de le décider, sera soumis à la commission géné rale qui donnera un ordre de priorité aux différents travaux ; car il serait impossible d'obtenir en une seule fois un crédit si considérable. J'insisterai ensuite près du département pour que le programme général soit adopté ainsi que l'ordre de priorité. Chaque année un crédit spécial pourrait nous être accordé et dans l'espace de plusieurs années l'ensemble de notre œuvre serait réalisé. De pareils travaux sont longs à exécuter, de sorte que la dépense devra être nécessairement répartie sur plusieurs exercices financiers. La charge ne sera donc pas énorme pour chaque budget annuel.

Il ne me reste plus, Messieurs, avant de lever la séance, qu'à vous remercier encore une fois de ce que vous voulez bien me prêter votre concours dévoué pour l'accomplissement d'une œuvre essentiellement française, qui s'impose aujourd'hui.

La séance est levée.

Fait et clos les jour, mois et an que d'autre part.

Pour copie conforme :

Le Gouverneur,

www.ingramcontent.com/pod-product-compliance
Lightning Source LLC
Chambersburg PA
CBHW061636050726
47595CB00007B/3222